ikati uBob umngane wami omkhulu

A Purrrfect Time (Zulu Translation)

Written by Sam Miller

Armed Bandit Publishing

Ngahlangana lo Sam ngisese ngumangoye. Impilo yakhe yayilula. Wayelezandla zombili. Ngelinye ilanga walahlekelwa ngesinye isandla sakhe engozini, kodwa kazange alahlekelwe yikubobotheka kwakhe. Udaba lolu luyiskhumbuzo sokuqakatheka ukuthi umuntu anakekele okumjabulisayo empilweni njalo lokungalahli ithemba.

Igama lami ngingu Bob(umangoye wesifazana) ngizalixoxela udabo lolu. Asihlanganeni sikhumbule impilo yami.

Uthando lwami lomngane wami oqakathekileyo kungenza ngijabule ngize ngikhudumale emoyeni wami.

Bona isandla sami sithutsha ngaphansi komnyango? Ngizama ukudonsa inja ngaphansi lapha. Angazi kumbe izakwana. Kodwa ngiqinile.

6

Ngiqinile na ukuvula impompi yamanzi? Ngizikhothe ilanga lonke, kodwa lokhu nginuka kufanele ngigeze.

Kambe singabe silayithwa
njani isitofu lesi? Sengilambile,
ngizafaka ezimnandi ezabomongoye
ekudleni kwami.

Ngingadla ukudla kuka Sam engakhangelanga, yikuntshontsha kumbe yikwabelana?

Kunzima ukubamba ithonsi leli
elibomvu, liyagijima kakhulu.
Ngiyathola ukuzelula okunengi
nxa ngiligijimisa

Ngifuna ukufunda ukudlala
umdlalo wama dayisi lamakhasi
lo Sam ukwenzela ukuthi
ngithole ukudla okunengi
kwabomangoye.

USam wangivakatshela esibhedlela senyamazana ngigula.

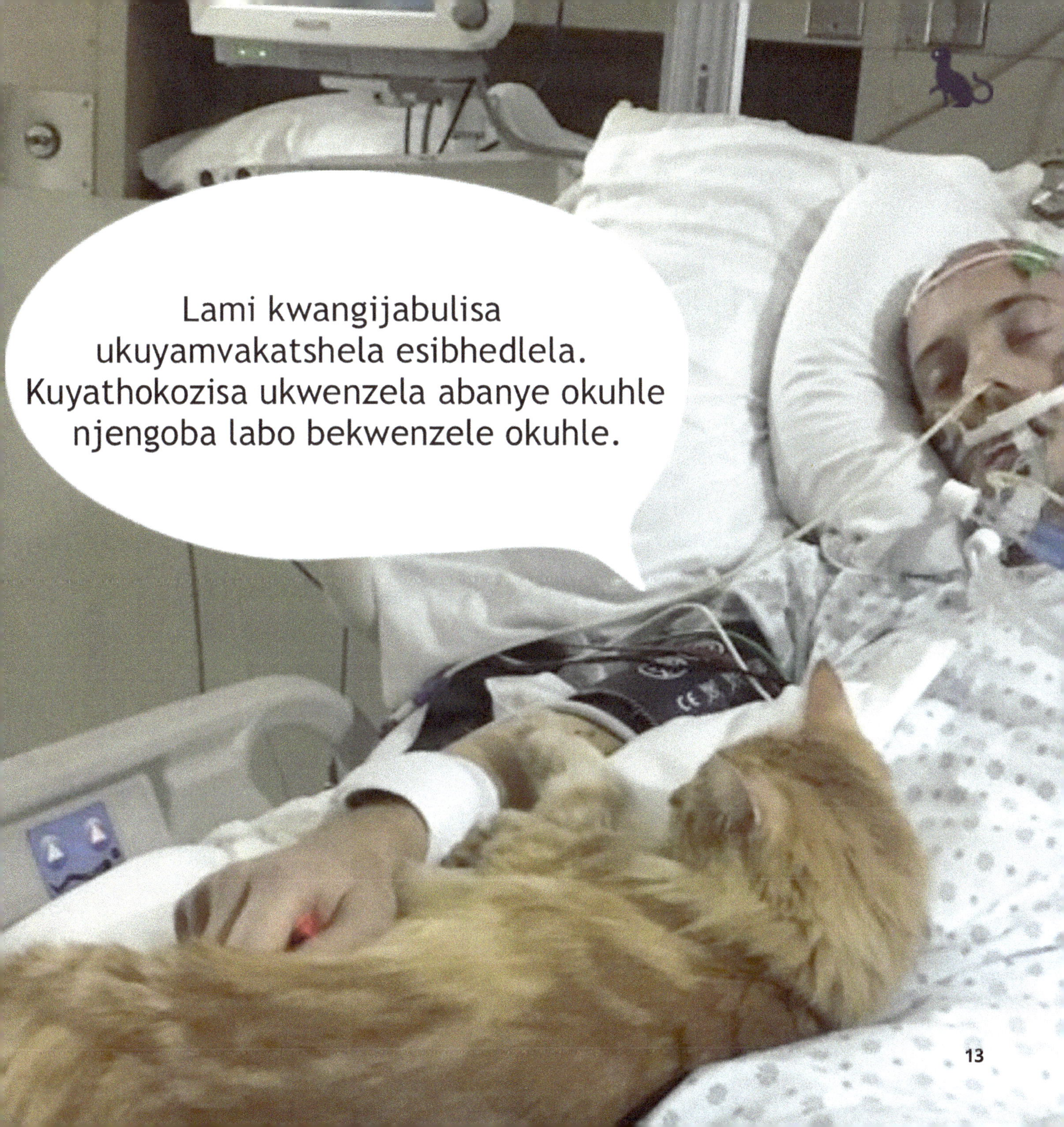
Lami kwangijabulisa ukuyamvakatshela esibhedlela. Kuyathokozisa ukwenzela abanye okuhle njengoba labo bekwenzele okuhle.

Ngihlala ngibona uSam engigcwalisela inditshi yamanzi sukuzonke ekuseni kodwa ngingumangoye oqakathekileyo. Ngijabulela amanzi aphuma empompini.

14

Yindlela enhle yokulala kanje ma ngiphupha kabi, inzipho zami zazigwebe ubuso buka Sam. Uyaklabalala angivuse.

Umbalisi wami we Yoga uthi angisoze ngizwe ubuhlungu emuva komzimba ma ngilala kanje.

Lindawo ebutofutofu yayakhelwa mina na? Abantu babaphiwe indawo ezinje?

Amanye amalanga amnandi,
Amanye amalanga awamnandi
sokusiya ngesimo sakho.

Yindawo yami engiyithandayo yokuzelula, kujayele ukuba lempukane kulindawo. Ngiyakuthanda ukuzigijimisa.

19

Ngiyakuthanda ukudla kakhulu.
Kufanele ngihlale ngizelula
ukwenzela ukuthi ngiphile kahle.

Angazi ukuthi kungaki ukudla koba mangoye engingakufaka emlonyeni wami Kanye.

USam kwesinye isikhathi uyavilapha ukungithelela amanzi, namuhla ngiyathatha awakhe.

Izihlobo zami labangane
babathi phezulu kuhle,
baqinisile okomqotho.

Ngiyakuthanda ukubukela impilo elulala, kuzamela ngiye kwele Africa ukwenzala ukubana ngikhule njengabomangoye bakhonale.

USam uyakuthanda ukungelelusa
inyawo lokubethwa ngumoya,
Utshani buhlala bubukeka butshiyene.

25

Ngiyakujabulela ukuhlala elangeni. Ukukholisa impilo kuqakathekile kimi.

Ngijwayele ukuzelula ngingaqeda ukuphumula.

USam ungakhele umuzi omuhle, ngiyajabula kakhulu ukuhlala laye.

Yindawo enhle yokutshona khona.
Ngihlala ngijabula lokufotozwa phansi
kuka Sam. Kuqakathekile ukuba
Labantu abakujabulisayo. Sihlala
silempilo emnandi ma sindawonye.

Usam wayesefonini ngaleliyana langa ngamuzwa ekhuluma lokhu kumngane wakhe:

Kwamanye amalanga sikhumbuzwa ngabantu esitshona isikhathi labo. Ngikhumbula ukuthi ngizakuthini. Abantu bafuna ukulalelwa bazi njalo ukuthi balalelwe. Nginanzelele ukuthi kuqakathekile ukukhangelisisa lokulalela ukuthi bazakuthini, kuzabenza batshengise ukuthakazelela abakukhulumayo.

Ukuba yimi kwami kutshengisa abantu engichitha isikhathi labo. Ngiyaqakethisa ukuchitha isikhathi labantu engibathembileyo, engibahloniphayo, lengithokoza ukuhlala ngilabo.

Ma izinto zinzima kuba lobunzima bokukhangela impilo ma ngithole izinto ezinengi mayelana lami labangane bami. Sengifunde ukukhangela ubunzima lokwehluleka ngidinge uncedo.

USam uqinisile yikho mina laye singabangane.

ulitholile ikati elincane kulolugwalo na?

Sam: Ugwalo lolu lwaqalisa luyinganekwane kimi.
Kwakuyindlela yokubana ngikhohlwe ngempilo yami
kancane. Kwaba yikuzelapha lokuziduduza.
Kwangifundisa okunengi ngami lokukhangelisisa
ubunzima bempilo.

Imfanekiso Ependwayo